AF230719

CATÉCHISME

DES

LIBÉRAUX.

IMPRIMERIE DE DONDEY-DUPRÉ,
rue Saint-Louis, au Marais, N°. 46 ; et rue Neuve-
Saint-Marc, N°. 10.

CATÉCHISME

DES

LIBÉRAUX;

PAR J. J. L. GEOFFRENET DE S. A.

Ante omnia mores, Patria ante omnes.

PARIS,

Chez
{
L'AUTEUR, rue Mauconseil, N°. 7.
DELAUNAY, libraire, Palais-Royal, galerie de bois;
CORRÉARD, libraire, Palais-Royal, galerie de bois.

1821.

PRÉFACE.

HELVÉTIUS a dit : « l'art de former les
» hommes est, en tout pays, si étroite-
» ment lié à la forme du gouvernement,
» qu'il n'est peut-être pas possible de faire
» aucun changement considérable dans l'é-
» ducation publique, sans en faire dans la
» constitution même des États. » Eh bien!
puisque nous sommes arrivés à cette époque,
que ne pouvait prévoir Helvétius, d'un
changement dans la constitution de l'État,
pourquoi n'en profiterions-nous pas pour
changer aussi, je ne dis pas seulement la
forme, mais la matière de l'éducation publique? car la même instruction, donnée

différemment, n'atteindrait pas ce but si désirable de rendre les hommes meilleurs.

J'ai pensé qu'un *Catéchisme social*, dégagé de préceptes mystiques et surnaturels, pourrait faire espérer des fruits que ne produiront jamais des notions inaccessibles à la raison.

N'est-il pas nécessaire que l'éducation publique soit conforme au génie du gouvernement? Pourquoi le gouvernement ne s'emparerait-il pas de la politique des prêtres, en s'emparant de l'homme au moment de sa naissance? Cet homme qui naît, n'appartient-il pas à la société avant d'appartenir à une secte religieuse? La morale est la base de la félicité publique et particulière; il est donc de l'intérêt de la société d'inculquer et rendre familiers, dès l'enfance, les principes d'une saine morale dans le cœur de tous ses membres. Nous ne prétendons pas nous opposer aux instructions religieuses ; mais nous pensons qu'il serait plus convenable de ne les donner à l'homme qu'à l'âge de quinze ans, c'est-à-dire, quand son esprit serait assez mûr pour qu'il agît avec connaissance de cause, qu'il pût discerner le mode qui lui paraîtrait être le plus agréable à Dieu pour l'adorer, qu'il pût enfin choisir sa religion ; car n'est-ce pas violer le droit de l'homme, que de lui en imposer une ? De là naîtrait réellement la liberté des cultes qui, autrement, ne peut qu'être illusoire. La multiplicité des religions affermit le gouvernement. Des sectes ne peuvent être contenues que par d'autres sectes : en morale, comme en mécanique, c'est l'équilibre des forces opposées qui produit le repos ; il serait donc désirable que l'élève ne fût initié à une religion, que quand, par l'étude de la morale, il aurait bien gravé dans son esprit que son bien-être en ce monde dépend de sa conduite envers ses semblables.

La morale que nous présentons n'exige de l'homme que ce que sa nature comporte. Toujours de bonne foi avec elle-même, toujours calme, elle ne suit que la raison éclairée par l'expérience qui, seule, nous montre les objets tels qu'ils sont. Elle sert au développement de la raison humaine, parce qu'elle est simple, claire, démonstrative et à la portée de tous; l'équité en fait la base, elle a pour but l'humanité et la sociabilité; par conséquent elle n'est point spéculative, et ne peut tromper dans ses résultats.

Les crimes, les vices, les défauts dont la société est tourmentée, sont des suites de l'ignorance, de l'inexpérience et des préjugés dont les hommes sont les victimes, parce que bien des causes se sont continuellement opposées au développement de leur raison. Nous nous proposons uniquement dans cet Ouvrage, de démontrer aux hommes, de quelque pays, de quelque religion qu'ils soient, les moyens que la nature leur fournit pour obtenir le bien-être, et de leur indiquer les motifs naturels faits pour les exciter, soit à faire le bien, soit à fuir le mal. Une morale conforme à la nature, ne peut jamais déplaire à l'Être que l'on révère comme l'auteur de cette nature. Les religions des peuples varient dans les différentes contrées de notre globe; mais les intérêts, les devoirs, les vertus, le bien-être, sont les mêmes pour tous ceux qui l'habitent.

La morale est la vraie science de l'homme, la plus importante pour lui, la plus digne d'occuper un être sociable; c'est la science du bonheur; elle est utile et nécessaire à tous les habitans de la terre; elle règle les destinées de l'univers ; elle embrasse les intérêts de toute la race humaine, et ses décrets ne sont jamais impunément violés. On peut appeler cette science *universelle*, puisque son vaste empire comprend toutes les actions de l'homme dans toutes les positions de la vie.

C'est évidemment à l'ignorance et au mépris des règles de la morale qu'est due la plus grande partie des infractions aux lois de la société ; les tribunaux criminels et correctionnels ne nous en fournissent-ils pas la preuve la plus incontestable ? La très-grande majorité de leurs jugemens porte sur la classe ignorante, et fort peu sur les hommes dont l'éducation a été soignée, parce que l'ignorance est naturellement vicieuse, et que l'homme instruit trouve dans le peu de morale qu'on lui enseigne, et dans les lois qui régissent son pays, un corps de doctrine suffisant pour lui servir de règle constante dans la conduite de la vie.

Je présente ces préceptes de morale aux pères, mères et instituteurs, avec la plus intime conviction que, s'ils commencent par cet enseignement, l'instruction première de leurs enfans ou élèves, la société leur devra des citoyens vertueux, et le gouvernement un modèle d'éducation qu'il ordonnera peut-être un jour pour les écoles publiques, surtout dans les campagnes.

CATÉCHISME

DES

LIBÉRAUX.

PREMIÈRE PARTIE.

De la Morale.

Demande : Q'est-ce que la morale?

Réponse : La morale est la science de ce que doivent faire ou éviter les hommes, pour se conserver et vivre heureux en société.

D. Qu'entendez-vous par science?

R. Toute science est le fruit de l'expérience : la science des mœurs, pour être sûre, ne doit être qu'une suite d'expériences constantes, réitérées et invariables, qui, seules, peuvent fournir une connaissance vraie des rapports subsistans entre les êtres de l'espèce humaine.

D. Quels sont les rapports subsistans entre les hommes?

R. Les rapports subsistans entre les hommes, sont les différentes manières dont ils agissent les uns sur les autres ; ou dont ils influent sur leur bien-être réciproque, de-là naissent nos devoirs et nos obligations.

D. Quels sont nos devoirs en morale ?

R. Nos devoirs en morale sont les moyens que nous devons prendre pour obtenir le bonheur, vers lequel notre nature nous force de tendre sans cesse.

D. Qu'entendez-vous par obligation morale ?

R. L'obligation morale est la nécessité de faire ou d'éviter certaines actions en vue du bien-être de la société. Ces devoirs et ces obligations sont le lien sans lequel les hommes ne peuvent se rendre réciproquement heureux.

De la nature de l'homme et de ses facultés.

D. Quelles sont les facultés accordées à l'homme par la nature ?

R. L'homme n'apporte, en venant au monde, que la faculté de sentir, et de sa sensibilité découlent toutes ses facultés intellectuelles, elles lui suffisent pour penser, agir et chercher le bien-être pendant sa vie ; mais l'éducation plus ou moins soignée, y ajoute plus ou moins l'expérience du passé, d'où naît la science.

D. Définissez la sensibilité ?

R. La sensibilité est une disposition naturelle,

qui fait que l'homme est agréablement ou désa-
gréablement remué par les objets qui agissent sur
lui, ou avec lesquels il a quelque rapport. Par
cette faculté, il est susceptible de recevoir des
impressions durables ou passagères, selon son
organisation particulière, de la part des objets
dont ses sens sont frappés.

D. De combien de sens l'homme est-il doué?

R. De cinq, qui sont : la vue, le toucher, le
goût, l'odorat et l'ouïe. Les impressions que
l'homme reçoit par ces différentes voies, sont des
impulsions opérées en lui-même, et dont il a la
conscience.

D. Qu'entendez-vous par conscience?

R. La conscience est la connaissance intime
des effets produits par les objets qui remuent la
machine humaine. Ces effets se nomment sensations ou perceptions.

D. Quel est l'effet des sensations?

R. Les sensations font naître des idées; c'est-
à-dire; des images, des traces, des impressions
que nos sens ont reçues. Le sentiment continué
ou renouvelé de ces idées en nous, se nomme
pensée.

D. Quel est le résultat des pensées?

R. Les pensées donnent naissance à la réflexion,
et la faculté de nous représenter de nouveau et nos
pensées et nos réflexions, se nomment mémoire.

D. Ces facultés suffisent-elles à l'homme pour se conduire dans la vie sociale ?

R. Non : il faut qu'elles soient accompagnées de jugement, d'esprit et d'imagination, facultés qu'elles produisent.

D. Qu'est-ce que le jugement ?

R. On appelle jugement la comparaison des objets qui nous remuent, des idées qu'ils produisent, et des effets que nous sentons.

D. Qu'est-ce que l'esprit ?

R. On appelle esprit, la facilité de comparer avec promptitude les rapports des causes et des effets.

D. Qu'entendez-vous par imagination ?

R. On appelle imagination, la faculté de nous représenter avec force, les images et les idées que les objets ont fait naître en nous.

D. L'homme est-il susceptible de quelques autres facultés ?

R. Il possède encore l'intelligence, la raison, la prévoyance, l'adresse et l'industrie, qui ne sont que les suites de ses façons de sentir. Ce sont elles qui différencient nos caractères, nos penchans et nos goûts ; d'où il suit que, même en leur donnant la même éducation, les hommes ne peuvent avoir précisément les mêmes sensations, les mêmes idées, les mêmes inclinations, les mêmes opinions des choses; ni par conséquent tenir la même conduite dans la vie.

D. Puisque nos caractères sont différens, pourquoi avons-nous tous l'amour du plaisir et la crainte de la douleur.

R. Parce qu'en venant au monde, nous n'apportons que la faculté de sentir, dont le résultat est d'aimer ou de haïr.

D. Qu'entendez-vous par aimer?

R. Aimer un objet, c'est souhaiter sa présence, c'est vouloir le posséder, afin d'être souvent à portée d'éprouver ses effets agréables.

D. Qu'entendez vous par haïr?

R. Haïr un objet, c'est désirer son absence afin de voir terminer l'impression pénible qu'il produit sur nos sens.

Toute sensation agréable, se nomme, *bien, plaisir.*

Toute sensation désagréable, se nomme, *mal, douleur.*

Tout plaisir continué, se nomme, *bien-être, bonheur, félicité.*

Toute douleur continuée, se nomme, *malaise, malheur, infortune.*

D. Le plaisir ne peut-il pas être un mal?

R. Le plaisir peut devenir un mal réel, quand il est contraire à notre conservation ou à l'ordre social. D'un autre côté, la douleur peut devenir un bien préférable au plaisir même, lorsqu'elle tend à nous conserver et à nous procurer des avantages constans.

D. Qu'est-ce qui nous servira de règle dans l'un ou l'autre cas ?

R. L'expérience qui, seule, apprend à distinguer les plaisirs auxquels on peut se livrer sans crainte pour soi, et sans danger pour l'ordre social.

D. Connaissez – vous plusieurs espèces de plaisirs ?

R. Les plaisirs vrais, les plaisirs trompeurs, les plaisirs légitimes, les plaisirs illicites et les plaisirs intellectuels.

D. Quels sont les plaisirs vrais ?

R. Les plaisirs vrais sont ceux que l'expérience nous montre conformes à la conservation de l'homme.

D. Qu'appelez-vous plaisirs trompeurs ?

R. Les plaisirs trompeurs sont ceux qui nous flattant quelques instans, finissent par nous causer des maux durables.

D. Qu'entendez-vous par plaisirs légitimes ?

R. Les plaisirs légitimes sont ceux qui sont approuvés par les êtres avec qui nous vivons.

D. Qu'appelez-vous plaisirs illicites ?

R. Les plaisirs illicites sont ceux qui nous sont défendus par la loi.

D. Quels sont les plaisirs intellectuels ?

R. Les plaisirs intellectuels sont ceux que nous éprouvons intérieurement par la pensée, par la mémoire, par le jugement, par l'esprit, par l'imagination, d'où naissent l'étude, la méditation et les sciences.

Des passions, des désirs et des besoins de l'homme.

D. Qu'entendez-vous par passions?

R. Toutes les passions se réduisent à désirer quelque bien, quelque plaisir, quelque bonheur réel ou faux, et à craindre et fuir quelque mal, soit véritable, soit imaginaire.

D. Qu'entendez-vous par désirs?

B. Les désirs sont des mouvemens d'amour, pour un bien véritable ou supposé, que l'on ne possède pas.

D. N'est-ce pas là ce qu'on nomme espérance?

R. Non : l'espérance est l'amour d'un bien qu'on attend, et sur lequel on croit avoir des droits.

D. N'est-ce pas un malheur que d'avoir des passions ?

R. Rien n'est plus naturel à l'homme, que d'avoir des passions et des désirs. Les passions en elles-mêmes ne sont ni bonnes ni mauvaises, elles ne deviennent telles que par l'usage qu'on en fait.

D. Qu'entendez-vous par besoins?

R. On nomme besoins, tout ce qui est utile ou nécessaire, soit à la conservation, soit à la félicité de l'homme. Toutes les passions sont excitées par les besoins ; ces besoins sont dus, soit au tempérament, soit à l'imagination, soit à l'habitude, soit à l'exemple, soit à l'éducation ; d'où il suit qu'ils ne sont pas les mêmes dans tous les êtres de notre espèce. Les besoins imaginaires sont ceux qu'une imagination, souvent déréglée, nous peint très-faussement comme indispensables à notre félicité.

D. Indiquez-nous le moyen d'apporter un frein aux déréglemens de notre imagination?

R. Pour être heureux et libre, il faut n'écouter que les besoins qu'on peut satisfaire soi-même sans trop de peines. La morale sociale nous dit de contenter nos besoins naturels d'une façon qui ne soit nuisible ni à nous-mêmes, ni aux autres ; de circonscrire ces besoins ; de prendre garde de les multiplier, car nos besoins font naître nos désirs ; en réprimant les premiers, les derniers diminuent et s'éteignent.

Nos désirs excités par des besoins réels ou imaginaires constituent l'intérêt.

De l'intérêt ou de l'amour de soi.

D. Qu'entendez-vous par le mot intérêt?

R. Par le mot intérêt, nous entendons, en général, ce que chaque homme est intéressé à souhaiter, parce qu'il le croit utile ou nécessaire à son propre bonheur. L'ami met son intérêt dans son ami, l'amant dans sa maîtresse, la mère dans son enfant, l'ambitieux, dans les honneurs, l'avare, dans les richesses, l'homme de bien, dans l'affection de ses semblables, et à son défaut, dans le contentement intérieur que procure la vertu. L'intérêt est louable et légitime, lorsqu'il a pour objet des choses vraiment utiles, et à nous-mêmes et aux autres. Cet intérêt bien entendu, n'est autre chose que l'amour de soi, qu'il ne faut pas confondre avec un égoïsme insociable.

D. Quelques moralistes sévères blâment cependant l'amour de soi?

R. Nous nous garderons bien de blâmer l'amour que l'homme a pour lui-même; ce sentiment est naturel et nécessaire à sa conservation propre, à son utilité et à celle de la société.

D. Pourquoi?

R. Parce que dans l'homme qui réfléchit, l'amour de soi est toujours accompagné d'affection pour les autres, puisque les autres sont les instrumens de sa propre félicité.

D. Puisque, dites-vous, l'amour de soi n'est pas l'égoïsme, expliquez-nous ce que c'est qu'un égoïste ?

R. L'égoïste est celui chez qui l'amour de soi étouffe toute affection pour les autres, qui rapporte tout à lui seul ; c'est un être insociable, un insensé qui ne voit point que tout homme vivant en société, est dans une impossibilité complète de travailler à son bonheur, sans l'assistance des autres.

____

De la justice ou équité.

D. Qu'est-ce que la justice ?

R. La justice est la vertu par excellence, elle sert de base à toutes les autres.

D. En quoi consiste-t-elle ?

R. Elle consiste à faire pour les autres tout ce que nous voudrions qu'ils fissent pour nous-mêmes.

D. Qu'entendez-vous par le mot vertu ?

R. J'entends par vertu, une disposition habituelle et permanente, de contribuer à la félicité constante des êtres avec qui nous vivons en société.

D. Quelles sont les vertus nécessaires à l'homme, pour se bien conduire dans la société ?

R. La vérité, l'humanité, la pitié, la bienfaisance, la modestie, l'honneur, la tempérance, la chasteté, la pudeur, la prudence, la grandeur d'ame, la patience, la douceur, l'indulgence, la tolérance et la complaisance.

De la vérité.

D. Qu'est-ce que la vérité ?

R. La vérité est la conformité des jugemens que nous portons avec la nature des choses.

D. Qu'entendez-vous par la nature des choses ?

R. J'entends les propriétés, les qualités, les effets présens ou éloignés des objets qui agissent sur nous, et que l'expérience nous fait connaître ou prévoir.

D. Comment acquiert-on la vérité ?

R. Par l'expérience, quand elle est accompagnée de circonstances qui la rendent sûre.

D. En quoi consiste la vérité ?

R. Elle consiste à voir les choses telles qu'elles sont réellement, à leur attribuer les qualités qu'elles possèdent, à prévoir avec certitude, leurs effets bons ou mauvais, à distinguer ce qui est utile, louable et désirable, de ce qui n'est que chimérique et apparent.

D. Donnez un exemple ?

R. Quand je dis que le feu excite la douleur, je dis une vérité ; c'est-à-dire, je prononce un jugement conforme à la nature du feu, fondé sur l'expérience constante de tout être sensible.

D. La vérité n'est-elle pas quelquefois dangereuse?

R. Elle devient dangereuse quand elle nuit à l'intérêt de la société ou d'un de ses membres.

D. Comment reconnaît-on le danger d'une vérité ?

R. en appelant à son secours la prudence, la raison et l'équité.

D. Quelles sont les qualités que donne la vérité ?

R. La vérité donne naissance à la droiture, la bonne foi, la franchise, la naïveté, la candeur, la fidélité. Toutes ces dispositions sont désirables pour se conduire dans la vie sociale.

De l'humanité.

D. Qu'est-ce que l'humanité ?

R. L'humanité est l'affection que nous devons à tous les êtres de notre espèce, comme membres de la société universelle, sans avoir égard aux antipathies nationales, aux opinions politiques ou religieuses, ni aux préjugés odieux qui ferment le cœur de l'homme à ses semblables.

D. En quoi consiste l'humanité?

R. Dans une disposition habituelle à montrer

de la bienveillance et de l'équité, à quiconque se trouve à portée d'avoir besoin de nous.

De la pitié.

D. Qu'est-ce que la pitié?

R. La pitié est une disposition habituelle à sentir plus ou moins vivement les maux dont les autres sont affligés.

D. Pourquoi dites-vous sentir plus ou moins vivement?

R. C'est que la pitié naît de la sensibilité, laquelle est plus ou moins vive selon l'organisation particulière à chaque individu de l'espèce humaine.

D. En quoi consiste la pitié?

R. Elle consiste à prendre part aux infortunes des autres, à les soulager, à leur porter des secours ou des consolations.

D. Si, comme vous l'avez dit, un homme est organisé de façon à n'avoir que peu ou point de pitié, on ne peut pas exiger de lui qu'il secoure son semblable?

R. J'ai dit que la pitié est plus ou moins vive selon le degré de sensibilité de l'homme; mais il n'est point d'homme chez qui elle soit absolument nulle; d'ailleurs l'éducation et l'équité disent à l'homme qui a peu de sensibilité, que pour acquérir des droits à la pitié des autres, il doit prendre part aux misères humaines et les soulager.

De la bienfaisance, de la libéralité et de la générosité.

D. Qu'est-ce que la bienfaisance?

R. La bienfaisance est une disposition habituelle à contribuer au bien-être de ceux avec qui notre destin nous lie, en vue de mériter leur bienveillance et leur reconnaissance.

D. Pourquoi limitez-vous le bienfait à ceux avec qui notre destin nous lie?

R. Parce que l'équité nous dit que notre bienfaisance doit avoir pour objet primitif, les personnes qui ont les rapports les plus intimes avec nous, tels que nos parens, nos proches, nos amis sincères; vis-à-vis des autres hommes, c'est libéralité ou générosité.

D. Est-ce que bienfaisance, libéralité, générosité, ne sont pas synonymes?

R. Non : la bienfaisance ne consiste pas seulement dans le don; tout citoyen vertueux peut être bienfaisant dans la sphère où le sort l'a placé : il est bienfaisant pour sa patrie, quand il la sert utilement par ses vertus, par ses talens, par ses lumières, par son travail; le sage qui éclaire ses concitoyens, le savant, l'artiste habile et le cultivateur laborieux, peuvent avec justice se flatter d'être des bienfaiteurs de leur pays.

La libéralité est une suite de la bienfaisance, elle consiste à faire part des dons de la fortune à ceux qui en ont besoin.

La générosité est aussi une suite de la bienfaisance, elle consiste à faire le sacrifice d'une partie de nos droits, en vue du bien-être de la société, ou de ceux à qui nous voulons donner des marques de notre bienveillance.

D. Regarderiez-vous comme libéral ou généreux celui qui donnerait tout son bien aux autres.

R. Il n'aurait ni l'une ni l'autre de ces qualités, il serait prodigue, et la prodigalité est un vice, parce qu'elle met celui qui s'y livre, dans le cas, non-seulement de ne pouvoir plus soulager ses semblables, mais encore d'avoir lui-même recours à leur compassion. La libéralité et la générosité doivent être réglées par l'équité, la prudence et la raison.

De la modestie.

D. Qu'est-ce que la modestie ?

R. La modestie est une vertu qui consiste à ne se point prévaloir de ses talens et de ses vertus, d'une façon désagréable, pour ceux avec qui nous vivons.

D. Pourquoi?

R. Parce qu'on doit avoir toujours présent à l'esprit que l'homme est, de sa nature, épris de lui-même, jaloux de son égalité, et qu'il ne reconnaît qu'à regret la supériorité des autres.

D. L'homme qui a la juste confiance d'avoir de la vertu, de la probité, des talens, doit-il se rabaisser lui-même?

R. Non : toutes les fois que l'homme a la conscience d'avoir bien fait, de posséder des qualités estimables ou des talens utiles, il acquiert le droit de s'applaudir et de sentir les droits qu'il a sur l'estime des autres; mais il perdrait ces droits s'il se croyait autorisé à leur nuire par l'orgueil ou le mépris.

De l'honneur.

D. Qu'est-ce que l'honneur?

R. L'honneur est le droit légitime que nous avons acquis par notre conduite, et sur l'estime des autres et sur notre propre estime.

D. En quoi consiste l'honneur?

R. L'honneur consiste généralement dans la pratique des vertus, et particulièrement à remplir avec distinction les devoirs que nous impose la sphère où nous sommes placés.

D. Quelle est la récompense de l'honneur?

R. 1°. L'estime de soi-même; 2°. la considération publique, qui souvent porte l'honnête homme à des emplois honorables.

D. Ne fait-on pas aussi consister l'honneur à se venger d'une injure par le duel?

R. Non : c'est un préjugé barbare qui dénote plutôt que l'on n'a que des droits incertains sur l'estime publique. Le véritable honneur ne se détruit pas par une injure, et ne se rétablit pas par un assassinat. Un homme ne peut être blessé dans son honneur, que par lui-même, c'est-à-dire, en commettant des actions qui le déshonore.

De la tempérance.

D. Qu'est-ce que la tempérance?

R. La tempérance est l'habitude de contenir les désirs, les appétits, les passions nuisibles, soit à nous-mêmes, soit aux autres.

D. Les désirs, les appétits et les passions, ne sont-ils pas dans la nature de l'homme; pourquoi donc les contenir?

R. Oui : les désirs, les appétits et les passions, sont dans la nature de l'homme, et lui sont même utiles pour sa conservation et son bien-être; mais la raison et l'expérience lui apprennent que les excès lui en seraient nuisibles ainsi qu'à ses associés, il doit donc en user avec sagesse, et se garder d'abuser. Surtout il doit sans cesse combattre les passions injustes et criminelles.

D. Comment celui‑dont l'expérience n'est pas assez mûre, pourra-t-il connaître où doivent s'arrêter ses désirs, etc.?

R. En ayant habituellement présent ce principe : la crainte de déplaire aux autres, ou de se nuire à soi-même.

———

De la chasteté.

D. Qu'est-ce que la chasteté?

R. C'est une suite de la tempérance.

D. En quoi consiste-t-elle?

R. A résister aux désirs déréglés de l'amour?

D. Qu'entendez‑vous par désirs déréglés?

R. J'entends ceux qui pourraient produire un épuisement dans les forces que la nature a confiées à l'homme pour sa conservation, et ceux qui pourraient causer du désordre dans les lois établies pour le maintien de la société.

De la pudeur.

D. Qu'est-ce que la pudeur ?

R. La pudeur est la crainte d'allumer en soi-même ou dans les autres des passions dangereuses, par la vue des objets capables de les exciter ; c'est pourquoi les lois interdisent les actions et les écrits obscènes.

De la prudence.

D. Qu'est-ce que la prudence ?

R. La prudence est l'habitude de choisir les moyens les plus propres à nous concilier la bienveillance et les secours des autres, et de nous abstenir de ce qui peut les indisposer.

D. Comment s'exerce-t-elle ?

R. La prudence s'exerce en discours et en actions.

D. En quoi consiste-t-elle dans le discours ?

R. Elle consiste à être circonspect, c'est-à-dire, à faire attention aux êtres qui nous environnent, afin de respecter leurs droits, ménager leur amour-propre, et nous attirer leur bienveillance.

D. Comment exerce-t-on la prudence dans les actions ?

R. Elle s'exerce dans les actions, en évitant le tumulte des plaisirs, la dissipation continuelle, une vie trop agitée, parce qu'ils sont des obstacles au développement de la raison humaine.

* * *

De la grandeur d'ame.

D. Qu'est-ce que la grandeur d'ame ?

R. La grandeur d'ame est la juste confiance dans ses facultés, qui permet d'entreprendre de grandes choses sans s'étonner des obstacles qui effraient le commun des hommes. Fondée sur la conscience de sa propre dignité, elle met l'homme vertueux au-dessus des injures, des affronts et des discours qui blessent les cœurs pusillanimes.

D. A quoi reconnaît-on qu'un homme a de la grandeur d'ame ?

R Quand il est supérieur à l'envie, à la médisance, à la calomnie ; quand il est franc et vrai ; enfin quand il est bienfaisant et généreux, parce qu'il faut de l'énergie pour sacrifier ses intérêts à ceux des autres.

* * *

De la patience.

D. Qu'est-ce que la patience ?

R. La patience est une vertu sociale qui nous met en état de nous tolérer les uns les autres, de soutenir les disgrâces de la fortune, les défauts et les infirmités des hommes, et les malheurs de la vie.

D. Pourquoi faites-vous de la patience une vertu?

R. Parce qu'elle est absolument nécessaire à l'homme pour vivre agréablement en société. Celui qui est privé de patience, est un être faible dont le bien-être dépend de quiconque veut le tourmenter.

De la douceur et de l'indulgence.

D. Qu'est-ce que la douceur?

R. C'est une disposition habituelle de notre caractère, qui nous porte à l'indulgence envers les autres.

D. La douceur et l'indulgence sont donc la même chose?

R. Non pas précisément; car la douceur est une qualité précieuse et naturelle, et l'indulgence est une vertu; mais elles ne vont pas l'une sans l'autre. Toutes les deux dérivent de l'humanité, vertu qui nous fait aimer les hommes tels qu'ils sont.

D. Pourquoi faites-vous une vertu de l'indulgence?

R. Parce qu'étant e fruit d'une patience raisonnée, surtout dans l'homme vif et sensible, elle annonce l'empire qu'il a sur ses sens, ce qui est le plus grand effort de la raison humaine.

De la tolérance.

D. Qu'est-ce que la tolérance?

R. On appelle tolérance, l'indulgence que nous devons avoir pour les opinions et les erreurs des hommes.

D. Pourquoi tolérer les opinions et les erreurs des autres?

R. Parce que l'homme n'est pas maître d'avoir ou de ne pas avoir les opinions qui lui ont été inculquées dès l'enfance, ou que la réflexion et l'expérience ont fait naître en lui.

D. Si ces opinions sont dangereuses, ne faut-il pas les combattre?

R. Les opinions ne sont dangereuses, que lorsqu'on veut les faire adopter par force aux autres. Le crime est toujours du côté de celui qui, le premier, emploie la violence.

D. Si les opinions sont fausses, n'est-il pas louable de chercher à les détruire?

R. Comme en matière d'opinion, chacun se tient assuré d'avoir la vérité pour appui, il est louable, au contraire, d'accorder de l'indulgence aux autres, pour être en droit de l'exiger d'eux; d'ailleurs, quelles que soient les opinions des autres, quelqu'erronées qu'elles nous paraissent, il serait déraisonnable d'en conclure qu'elles ne fussent pas, comme les nôtres, accompagnées de vertus sociales.

***

De la complaisance.

D. Qu'est-ce que la complaisance?

R. La complaisance est une disposition habituelle de se conformer aux volontés justes et aux goûts raisonnables des êtres avec qui nous vivons.

D. N'est-il pas dangereux d'avoir une complaisance continuelle?

R. Par complaisance nous entendons une condescendance juste, humaine, sociable, celle qui est l'ame de la vie; et non pas celle du courtisan, du parasite et du flatteur, qui n'indique que la bassesse de l'ame. La complaisance, comme toutes les autres vertus, prend ses limites dans l'équité qui défend de se conformer à des goûts vicieux et pervers.

FIN DE LA PREMIÈRE PARTIE.

CATÉCHISME

SOCIAL.

SECONDE PARTIE.

DES CRIMES, DES VICES ET DES DÉFAUTS.

Des crimes.

Demande : Qu'entendez-vous par ce mot, *crime* ?

Réponse : L'on nomme crime, forfait, attentat, toute action qui trouble évidemment et violemment la société : le meurtre, l'oppression, la violence, le vol, sont des crimes ou des violations graves de la justice, faites pour inspirer de la terreur.

D. Qu'appelez-vous oppression?

R. Je nomme oppression l'action par laquelle un homme se sert de son rang ou du pouvoir qui lui est confié par la loi, pour exercer des extorsions, des rapines, dés concussions ou des actes arbitraires.

D. Quel est le plus grand des crimes ?

R. La vie étant reputée le plus grand des biens, le meurtre, est avec juste raison, regardé comme l'attentat le plus noir que l'on puisse commettre, parce que celui qui arrache la vie à son semblable, paraît dépourvu de justice, d'humanité, de pitié, et par conséquent, est un monstre contre lequel la société entière doit s'armer.

D. Ne faites-vous pas une distinction entre l'homicide accidentel et l'homicide prémédité?

R. Il en existe certainement une bien grande; car quiconque par l'effet de l'effervescence passagère de quelque passion subite, a commis un homicide, devient souvent un objet de pitié, parce qu'un crime unique n'annonce pas un cœur dépravé; mais l'homicide prémédité ou réitéré, indique un naturel endurci dans le crime, pour qui la méchanceté est un besoin, et qui dès-lors, est indigne de toute compassion.

D. L'homicide prémédité n'offre-t-il pas encore quelque distinction ?

R. Oui, celui qui tue son bienfaiteur ou son père, inspire une horreur particulière, le premier, parce qu'il joint à ce crime l'ingratitude la plus atroce; le second, parce qu'après avoir brisé les liens de la nature, il paraît s'être familiarisé avec le crime, au point de ne se faire plus qu'un jeu de la vie des autres hommes.

D. Qu'entendez-vous par ce mot *vol ?*

R. Le vol est toute action qui prive un homme injustement, et contre son gré, de ce qu'il a droit de posséder ; c'est une violation de la propriété que toute société s'engage de conserver à chacun de ses membres.

D. Est-il plusieurs sortes de vols ?

R. Oui, le vol à main armée, et le vol par abus de confiance, sont regardés comme les plus infâmes; vient ensuite le vol frauduleux et caché. En bonne morale, on doit aussi regarder comme vol, l'abus que font les marchands de la simplicité ou du peu de connaissance de ceux qui leur achètent ; et regarder généralement comme voleurs ceux qui n'ont plus ni probité, ni conscience, quand il s'agit de leur métier.

Des vices.

D. Qu'est-ce que le vice ?

R. Le vice est l'habitude de nuire au bonheur de la société, dont étant nous-mêmes membres, nous éprouvons la réaction nécessaire.

D. Quels sont les vices les plus habituels ?

R. L'injustice, l'orgueil, la vanité, le luxe, la colère, la vengeance, l'humeur, la misanthropie, l'avarice, la prodigalité, l'ingratitude, l'envie, la jalousie, la médisance, le mensonge, la flatterie, l'hypocrisie, la calomnie, la paresse, l'oisiveté, l'ennui, la passion du jeu, la dissolution des mœurs, la débauche et l'intempérance.

De l'injustice.

D. Qu'est-ce que l'injustice?

R. L'injustice, en général, est une disposition à violer les droits des autres, en faveur de notre intérêt personnel.

D. Quels sont les effets de l'injustice?

R. L'injustice relâche et dissout les liens de la société, elle anéantit le pacte social. De même que toutes les vertus dérivent de la justice, de même l'injustice donne naissance à tous les crimes, les vices et les défauts des hommes ; elle est une violation plus ou moins marquée de l'équité, des droits de l'homme, de ce que l'être sociable se doit à lui-même et aux autres ; en un mot, la justice est le soutien du monde, et l'injustice est la source de toutes les calamités dont il est affligé.

De l'orgueil.

D. Qu'est-ce que l'orgueil ?

R. L'orgueil est une idée haute de soi-même accompagnée de mépris pour les autres.

D. En quoi consiste l'orgueil?

R. Il consiste à exagérer son propre mérite, et à ne pas rendre justice à celui des autres.

D. Quels sont les effets de l'orgueil?

R. De révolter les autres, et de ne s'attirer, pour l'ordinaire, que leur haine ou leur mépris, au lieu de l'estime, de la considération et des égards auxquels on prétend. L'orgueilleux est ordinairement impudent et effronté, c'est-à-dire, qu'il a l'orgueil du vice et le courage de la honte.

––––––––––

De la vanité.

D. Qu'est-ce que la vanité?

R. La vanité est un orgueil fondé sur des avantages qui ne sont d'aucune utilité pour les autres; c'est pourquoi on la nomme la gloire des petites ames. En voici des exemples :

L'orgueil de la naissance est une pure vanité, puisqu'il se fonde sur une circonstance du hasard, qui ne dépend aucunement de notre propre mérite, et dont il ne résulte aucun bien pour le reste des hommes.

L'ostentation, le faste, la parure, sont des marques de vanité; elles annoncent qu'un homme s'estime et veut être estimé des autres par des endroits qui ne sont aucunement intéressans pour le public.

Du luxe.

D. Qu'est-ce que le luxe?

R. Le luxe est une émulation de vanité qui va toujours croissant.

D. Le luxe n'a-t-il pas l'avantage de procurer le bien-être à la classe des artisans?

R. Le luxe aurait en effet cet avantage, s'il restait concentré dans la classe des riches; mais le propre de ce vice étant d'aller toujours croissant, il a bientôt atteint toutes les classes de la société dont il devient le destructeur.

D. Pourquoi donc plusieurs écrivains ont-ils regardé le luxe comme la richesse d'un état?

R. Parce qu'ils n'ont vu que le moment où cette vanité puérile attire les richesses dans l'état, sans calculer que celui qui en est atteint, fût-il riche, entraîné, et, pour ainsi dire, forcé par l'exemple, finit toujours par excéder ses facultés, il dérange ses affaires, nuit à lui-même et à sa postérité, et vole ses créanciers qui, dans leur sphère, maîtrisés par la même folie, déversent sur le journalier moins aisé, toutes les calamités dont ils sont les victimes.

Il est de l'intérêt de la politique et de la saine morale de décrier, de proscrire le luxe.

De la colère.

D. Qu'est-ce que la colère ?

R. La colère est une haine subite, plus ou moins permanente, contre les effets que nous jugeons contraires à notre bien-être.

D. Quand nous avons jugé un objet contraire à notre bien-être, la colère devrait être permise contre cet objet ?

R. Rien de plus naturel, sans doute, que cette passion dans un être perpétuellement occupé de sa conservation et de sa félicité ; mais rien de plus nécessaire à un être raisonnable et sociable, que de réprimer des mouvemens impétueux, aussi dangereux pour lui-même, que pour ceux avec qui son destin est de vivre. Tout homme vivant en société, doit être en garde contre les impulsions qui le troublent et l'empêchent de faire usage de son jugement, de sa réflexion et de l'expérience destinée à lui servir de guide.

De la vengeance.

D. Qu'est-ce que la vengeance ?

R. La vengeance est une colère cachée, nourrie au fond du cœur, et long-tems retenue, couvée par la pensée ; attisée par l'imagination, et fortifiée par la réflexion.

D. Quels sont les effets de la vengeance?

R. Cette passion redoutable est encore plus dangereuse que la colère la plus vive, parce qu'elle rend l'homme bourreau de lui-même, en même tems qu'il épie les occasions de faire éprouver sa cruauté aux autres.

D. Pourquoi la vengeance n'est – elle pas permise?

R. Parce que les hommes sont toujours suspects et récusables dans leur propre cause; c'est pourquoi, dans les pays policés, les lois se sont réservé le droit de venger les citoyens. D'ailleurs, la nature, l'humanité, la grandeur d'ame, s'accordent à proscrire la vengeance, et à nous faire un devoir du pardon des injures.

De l'humeur et de la misanthropie.

D. Qu'entendez-vous par humeur en morale?

R. C'est une disposition habituelle à s'irriter qui, quand elle est continue, nous fait haïr les êtres avec lesquels nous devons vivre en société; elle se nomme misanthropie, ou aversion pour les hommes.

D. Quels sont les effets de ces dispositions?

R. De nous rendre incommodes à la société, et de ne jamais jouir nous-mêmes d'aucune sérénité de caractère, de ne pouvoir souffrir la paix et le contentement des autres, et de nous rendre incapables de nous concilier l'amitié de personne.

D. L'envie ou la jalousie d'autrui ne peuventelles pas faire naître la misanthropie?

R. Oui; un homme honnête et sensible peut à la fin s'indigner d'avoir été le jouet, soit de la méchanceté, soit de la jalousie de ses semblables, et concevoir, dès-lors, de l'aversion ou du mépris pour eux; mais quoique cette misanthropie paraisse avoir une source légitime, elle décèle néanmoins un défaut de justice, en ce qu'elle enveloppe tous les hommes dans la même condamnation.

———————

De l'avarice.

D. Qu'est-ce que l'avarice?

R. L'avarice est une soif inextinguible de richesses pour elles-mêmes, sans en faire usage, ni pour son propre bien-être, ni pour celui des autres.

D. Quel mal résulte de l'avarice?

R. Premièrement, cette passion méprisable est contraire à l'humanité, à la bienfaisance, à la libéralité, en un mot, elle est incompatible avec toutes les vertus.

Secondement, elle tarit les sources du cré public.

D. Faut-il blâmer l'homme qui amasse des richesses pour sa postérité?

R. Non; celui-là n'est point un avare qui n'accumule pas exclusivement pour lui; c'est un père de famille prudent et sage qui résiste à ses goûts, à ses fantaisies, pour faire un sort agréable à ses enfans; mais cet autre est méprisable, qui se refuse, s'applaudit de ses privations dans le seul but d'amasser. Il faut toujours avoir devant les yeux que les richesses ne sont pas le bonheur, elles ne sont qu'un des moyens de l'obtenir.

De la prodigalité.

D. Qu'est-ce que la prodigalité?

R. La prodigalité, cette passion fondée sur la vanité, consiste à répandre, sans mesure et sans choix, les biens de la fortune, ou à faire de ses richesses un usage peu utile, et pour soi-même, et pour la société.

D. Quels sont les résultats de la prodigalité?

R. Le prodigue se fait tort à lui-même. Parvenu à se ruiner, il ne lui reste point de ressources chez ses amis; inconsidéré dans son choix, il n'a communément répandu ses largesses que sur des flatteurs, des parasites, des hommes dépourvus de mœurs et de sentimens, sur des ingrats qui l'abandonnent dans le malheur,

De l'ingratitude.

D. Qu'est-ce que l'ingratitude?

R. L'ingratitude est l'oubli des bienfaits.

D. Quelles dispositions peuvent donner naissance à l'ingratitude?

R. L'orgueil et la vanité paraissent être, en général, les vraies sources de l'ingratitude. Chacun surfait son propre mérite, et regarde alors les bienfaits qu'il reçoit, comme des dettes; enfin, l'envie, cette passion fatale, qui s'irrite même des bienfaits qu'elle reçoit, devient souvent la cause de la plus noire ingratitude.

D. Dans cette hypothèse, l'ingratitude est donc la compagne de la haine, car l'envie a toujours des dispositions haineuses?

R. Rien de plus odieux, de plus injuste, de plus insociable que cette disposition criminelle, qui n'est malheureusement, que trop commune, elle rend celui qui s'en trouve coupable, en quelque façon, l'ennemi de lui-même. D'ailleurs elle ne peut manquer de lui attirer la haine de toute la société, parce que chacun sent que l'ingratitude tend à décourager les ames bienfaisantes; à bannir du commerce de la vie, la compassion, la bonté, le désir et le plaisir d'obliger, qui sont ses plus doux liens.

De l'envie et de la jalousie.

D. Qu'est-ce que l'envie ?

R. L'envie est le tyran acharné du mérite, des talens, des vertus ; c'est une disposition insociable qui fait haïr tous ceux qui possèdent des avantages ou des qualités estimables.

D. Qu'est-ce que la jalousie ?

R. La jalousie est l'inquiétude produite en nous par l'idée d'un bonheur réel ou supposé, dont les autres jouissent, tandis que nous en sommes privés nous-mêmes.

D. Quelle est la source de ces deux vices ?

R. L'envie et la jalousie, quoiqu'ayant beaucoup de rapports entr'elles, et produisant les mêmes effets, ont cependant une origine bien différente : l'envie prend sa source dans l'orgueil ; l'amour de préférence que chaque homme a pour soi, lui fait haïr dans les autres, les avantages que chacun désirerait pour lui-même. La jalousie, au contraire, suppose une basse idée de soi-même, une absence des avantages ou des qualités que l'on suppose exister dans ceux dont on est jaloux.

L'être sociable, pour son propre repos, et pour le bien de la société, doit soigneusement réprimer ces deux sentimens de la nature.

Dé la médisance.

D. Qu'est-ce que la médisance?

R. La médisance est une vérité nuisible à ceux qui en sont l'objet.

D. Pourquoi mettez-vous la médisance au rang des vices, puisqu'elle prend naissance dans la vérité?

R. Parce que le médisant est un envieux, un malin, un méchant, dont les discours ont pour but de déprimer les autres dans l'opinion publique, de dénigrer ses concitoyens, en divulguant les traits qui peuvent leur nuire, pour leur ravir la réputation et le repos, sans profit réel pour la société.

D. N'est-ce pas un profit réel pour la société de connaître les hommes?

R. Sous quelque point de vue qu'on envisage la médisance, elle est très-condamnable par les ravages, les inimitiés et les querelles qu'elle produit à tout moment. Il y a plus; quoiqu'elle plaise généralement, elle rend odieux et méprisable celui qui s'y livre.

Du mensonge.

D. Qu'est-ce que le mensonge?

R. Le mensonge est l'action de parler contre

sa pensée, d'induire les autres en erreur ; c'est une violation des conventions sur lesquelles est fondé le commerce du langage. C'est la source féconde de toutes les calamités dont le genre humain est affligé. Celui qui a contracté la malheureuse habitude de ce vice bas et servile, perd toute confiance de la part des autres.

De la flatterie.

D. Qu'est-ce que la flatterie?

R. La flatterie est un commerce de mensonges, fondé, d'un côté, sur l'intérêt le plus vil, et de l'autre, sur la vanité.

D. Pourquoi la flatterie plaît-elle ?

R. Parce que les hommes ont tous plus ou moins d'orgueil, de vanité, et bonne opinion d'eux-mêmes. Elle corrompt le jugement, enchante l'esprit et le rend inaccessible à la vérité. Méfions-nous donc du flatteur ; ayons sans cesse présent à l'esprit que le flatteur hait ou méprise celui envers lequel sa vanité ou son intérêt le réduit à s'humilier.

De l'hypocrisie.

D Qu'est-ce que l'hypocrisie ?

R. L'hypocrisie est un mensonge continuel dans

le maintien ainsi que dans les paroles, dont l'objet est de tromper en montrant au dehors des vertus dont on est totalement dépourvu. Le méchant le plus décidé est beaucoup moins dangereux que le perfide qui nous trompe sous le masque de la vertu.

L'hypocrisie demande un art infini et pénible pour tromper long-tems ; il en coûterait cent fois moins pour acquérir les vertus qu'elle affecte, que pour en montrer la ressemblance.

De la calomnie.

D. Qu'est-ce que la calomnie ?

R. La calomnie est un mensonge contre l'inno-cence, pour lui imputer faussement des fautes ou des actions capables de lui ravir l'estime publique, ou même de lui attirer d'injustes châtimens.

D. Quel cas doit-on faire du calomniateur ?

R. La société le méprise, et la loi le punit rigoureusement. Ce vice affreux renferme tant d'autres vices, qu'il peut être regardé comme un crime, parce qu'il viole insolemment l'équité, l'humanité, la pitié, en un mot, les vertus les plus saintes.

D. Vous dites que la calomnie renferme d'autres vices ; quels sont-ils ?

R. La calomnie est due principalement à l'envie, à la vengeance, à la colère, à la méchanceté, qui prend un secret plaisir à troubler la félicité des autres. L'imprudence et l'étourderie la propagent avec d'autant plus de facilité, qu'on aime à voir déprimer ses semblables.

D. Quel est le moyen d'éviter de se rendre coupable ou complice de la calomnie ?

R. Ce n'est que par la discrétion, la réflexion, la suspension de jugement qu'on peut se garantir d'un crime aussi détestable par ses effets.

De la paresse.

D. Qu'est-ce que la paresse ?

R. La paresse est un penchant à violer nos devoirs ; c'est un vice réel, une disposition nuisible à nous-mêmes et aux autres, que la morale condamne, et que notre intérêt propre, ainsi que celui de la société, nous excite à combattre sans relâche.

D. Pourquoi dites-vous que la paresse est un vice réel ?

R. Parce qu'elle donne naissance à l'apathie, à l'indolence, à la mollesse, à l'incurie, à l'indifférence, à la lâcheté, à l'ignorance, toutes qualités qui nous rendent inutiles et incommodes au corps dont nous sommes membres.

De l'oisiveté.

D. Qu'est-ce que l'oisiveté ?

R. L'oisiveté est, comme le dit un adage très-commun, la mère de tous les vices ; c'est d'elle en effet que l'on voit sortir les fantaisies les plus bizarres, les goûts les plus pervers, les plaisirs les plus insensés, les amusemens les plus futiles, les dépenses les plus extravagantes.

De l'ennui.

D. Qu'est-ce que l'ennui ?

R. L'ennui est le compagnon inséparable de l'oisiveté ; c'est une langueur, une stagnation mortelle produite par l'absence des sensations capables de nous avertir de notre existence d'une façon agréable.

D. L'artisan qui ne travaille pas, viole ses devoirs, sans doute ; mais indiquez à celui que la richesse dispense du travail, un moyen contre l'ennui ?

R. L'homme opulent que son état dispense du travail du corps, doit avoir recours à l'exercice, à la lecture, au travail de tête. Ainsi que la vie du corps, la vie sociale consiste dans l'action.

De la passion du jeu.

D. Qu'est-ce que la passion du jeu?

R. Le jeu est fait pour délasser par intervalles l'esprit ; mais l'ignorance et l'incapacité de s'occuper convenablement, en font une passion dans le fainéant, dont l'âme engourdie a besoin de secousses vigoureuses et réitérées.

D. Quels sont les effets de cette passion?

R. Lorsque l'on fait du jeu une occupation sérieuse, on est continuellement agité par l'intérêt, l'incertitude, les alternatives fréquentes de la terreur et de la joie. Le joueur est ordinairement un furieux que rien ne peut convertir, que la perte de tout son bien ; c'est dans cet état qu'il est souvent emporté au crime.

De la dissolution des mœurs et de la débauche.

D. Qu'entendez - vous par dissolution des mœurs?

R. Par dissolution des mœurs on entend l'absence de toute retenue, de toute décence dans la jouissance des plaisirs qui nous sont accordés par la nature, pour notre conservation et notre bien-être. Les plaisirs de l'amour étant ceux qui nous paraissent avoir le plus d'attraits, sont aussi ceux dont nous devons le plus craindre les ravages. L'amour est inhérent à la nature de l'homme, la nature y attache la conservation de notre espèce, et par conséquent celle de la société; mais l'expérience nous apprend que l'excès de ce plaisir ruine notre tempérament, et porte à notre postérité la plus reculée, des mots affreux. Il abrutit l'homme et lui ôte la faculté de réfléchir. Rien de plus digne de pitié que la vieillesse infirme et méprisable des hommes, dont la vie fut consacrée à la débauche.

De l'intempérance.

D. Qu'est-ce que l'intempérance?

R. L'imtempérance est l'habitude de se livrer aux appétits déréglés du sens, du goût. Tous les excès de la bouche, la gourmandise, l'ivrognerie, doivent être regardés comme des dispositions dangereu es pour nous-mêmes et pour ceux avec qui nous vivons,

D. Comment l'intempérance est-elle dangereuse pour nous-mêmes?

R. Parce qu'elle nous rend sujets à des maladies fréquentes, nous fait végéter dans un état de langueur, affaiblit notre corps et amène à grands pas une vieillesse prématurée, les infirmités et la mort.

D. Comment l'intempérance est-elle préjudiciable à la société ?

R. Les festins continuels, les ragoûts recherchés, les dégâts des valets, consomment et détruisent souvent en un jour, dans une grande ville, autant de vivres qu'il en faudrait pour nourrir pendant un mois les pauvres de toute une province ; c'est encore à ces causes que l'on peut attribuer la cherté des denrées comestibles. D'un autre côté, la difficulté de se procurer des alimens convenables, détermine le peuple à l'ivrognerie, et lui fait contracter l'habitude des liqueurs fortes, qui l'abrutissent tout-à-fait, et le détruisent en peu de tems.

Des défauts et imperfections.

D. Qu'entendez-vous par ces mots défauts, imperfections ?

R. J'entends des privations de qualités nécessaires, pour se rendre agréables dans la société.

D. Quels sont les plus remarquables ?

R. Tous les hommes ont des défauts plus ou moins incommodes à ceux qui en ressentent les effets ; nous ne citerons que les principaux, d'où découlent tous les autres : ce sont la légèreté, l'étourderie, l'inconstance, la dissipation, la frivolité, l'indiscrétion, la curiosité, l'opiniâtreté, la distraction, la raillerie, le bavardage, la fatuité, la coquetterie.

D. Qu'est-ce que la légèreté?

R. C'est l'incapacité de nous attacher fortement aux objets intéressans pour nous.

D. En quoi consiste l'étourderie?

R. L'étourderie consiste à ne pas se donner le tems de bien envisager les objets, ou de réfléchir mûrement aux suites de nos actions.

D. En quoi consiste l'inconstance?

R. L'inconstance consiste à changer perpétuellement d'intérêts ou d'objets.

D. Qu'est-ce que la dissipation?

R. La dissipation est la haine habituelle du travail en faveur des plaisirs.

D. En quoi consiste la frivolité?

R. La frivolité consiste à n'accorder son attention qu'à des objets incapables de nous procurer un bonheur véritable.

D. Quel est le résultat des cinq défauts que nous venons de définir?

R. L'homme atteint d'un ou plusieurs de ces défauts, n'inspirera jamais ni confiance, ni amitié; on ne peut compter sur un être qui n'est jamais sûr de lui-même.

D. Qu'est-ce que l'indiscrétion?

R. L'indiscrétion est une démangeaison, ou besoin de parler, qui nous rend capables de divulguer le secret d'autrui. Ce défaut, quelquefois terrible par ses conséquences, produit toujours des effets aussi cruels que la méchanceté.

D. Qu'est-ce que la curiosité?

R. La curiosité est le désir de pénétrer les secrets des autres. Ce défaut annonce communément le vide de la tête. C'est une sorte de vanité à laquelle on attache la gloriole de pouvoir dire que *l'on sait ou qu'on a vu.* C'est le mérite des sots auprès des désœuvrés.

D. Qu'est-ce que l'opiniâtreté?

R. L'opiniâtreté est l'effet d'une sotte présomption, et d'un préjugé puérile qui nous suggère qu'il y a de la bassesse à avouer qu'on s'est trompé. On ne fait pas attention qu'il est plus honteux, plus insensé de résister à la vérité.

D. Qu'est-ce que la distraction?

R. La distraction est une application de nos pensées à d'autres objets que ceux dont nous devrions nous occuper. Ce défaut est un manque d'égards pour ceux avec qui nous nous trouvons.

D. Qu'est-ce que la raillerie?

R. La raillerie est l'art d'exposer plaisamment les défauts de quelqu'un à la risée des autres. C'est une arme dangereuse, dont le trait est quelquefois plus cruel et plus insupportable que l'injure. Si la raillerie s'exerce sur un ami, c'est une perfidie, une trahison; si elle s'exerce sur les inférieurs ou

sur les malheureux, c'est une lâcheté détestable.
Si elle attaque des supérieurs, c'est folie.

D. Qu'est-ce que le bavardage?

R. Le bavardage est la manie de parler à tort et
à travers ; c'est le défaut ordinaire des sots et des
gens sans éducation. Quoi de plus impoli d'ou-
blier qu'on n'est pas seul dans une société, que
chacun a le droit de parler à son tour ; quoi de
plus fatigant, qu'un discoureur insipide qui s'em-
pare de la conversation, pour étourdir par son ca-
quet importun !

D. Qu'est-ce que la fatuité?

R. La fatuité est la jactance dans les discours,
et le ridicule dans la parure. Combien de gens
dans le monde croient se faire admirer et consi-
dérer, en montrant leur sottise, leur impertinence
et leurs habits, qui ne parviennent qu'à se faire
haïr et mépriser.

D. Qu'est-ce que la coquetterie?

R. La coquetterie est une vanité méprisable,
un désir de faire naître des passions déshonnêtes,
afin d'exercer un despotisme auquel une femme
vertueuse ne doit pas prétendre. Il y a beaucoup
d'imprudence et de légèreté à donner au public
des soupçons capables de se déshonorer soi-même.
Une femme qui cherche à plaire à tout le monde,
quand elle aurait le cœur pur, a du moins l'esprit gâté.

FIN DE LA DEUXIÈME PARTIE.

CATÉCHISME

DES

LIBÉRAUX.

TROISIÈME PARTIE.

DES DEVOIRS ET DES OBLIGATIONS DANS LA VIE PRIVÉE.

Du mariage et de ses devoirs.

D. Qu'est-ce que le mariage?

R. Le mariage est une société entre l'homme et la femme, dans laquelle les époux ont pour but de goûter légitimement les plaisirs de l'amour, d'où doivent résulter des êtres utiles à ceux qui leur auront donné l'existence, et propres à les remplacer un jour dans la société.

D. Quels sont les devoirs des époux entre eux?

R. Toute société, pour être heureuse et stable, doit être soumise aux règles de l'équité. Cette équité remédie à l'inégalité que la nature a mise entre les associés. L'homme étant, de sa nature, plus robuste, doit être le soutien et le protecteur de sa compagne, et lui prescrire la subordination. Cette supériorité l'oblige à l'aimer, à la défendre, à la garantir des dangers auxquels sa faiblesse pourrait la faire succomber.

La femme, en échange, est obligée de marquer à l'homme une juste préférence, une amitié tendre, des soins empressés, faits pour cimenter de plus en plus leur union, d'où l'on voit que les devoirs des époux sont réciproques. Telle est la sanction de la loi naturelle, à laquelle on ne peut se soustraire impunément; car le bonheur, dans le lien conjugal, dépend de l'union, de l'amitié, de l'estime, bien plus que des plaisirs passagers qu'il procure.

L'un et l'autre doivent éviter avec soin ce qui peut altérer l'harmonie nécessaire à la félicité domestique que rien au monde ne peut remplacer.

D. Quels sont les devoirs des époux envers leurs enfans?

R. Le principal objet du mariage étant de faire naître des enfans qui deviennent un jour des membres utiles à la société, l'amour des pères et mères doit être d'autant plus vif, qu'ils voient dans leur postérité des consolateurs, des coopérateurs de leurs travaux, des amis liés d'intérêts avec eux, des soutiens de leur vieillesse; en conséquence, ils doivent avoir toujours présent à l'esprit que l'existence n'est pas un bien par elle-même, qu'elle ne le devient que par les avantages qui s'y trouvent attachés. Ces avantages sont l'affection, la tendresse, les soins, la patience pour un âge privé de raison et d'expérience ; une indulgence équitable et raisonnée, une opposition constante aux plaisirs qui tendraient à corrompre l'esprit et le cœur, enfin une éducation conforme au rang que doivent tenir les enfans dans la société.

Un bon père doit traiter ses enfans en amis, se prêter à leurs jeux innocens, leur faire contracter l'habitude de vivre avec lui dans une juste confiance. Sa tendresse est le ressort le plus capable d'exciter au bien des ames faibles, qu'une sévérité habituelle ne ferait que repousser et dégoûter. Enfin les pères et mères doivent par leur exemple, encore plus que par leurs leçons, indiquer à leurs enfans le chemin de la vertu.

Des devoirs des enfans.

D. Quels sont les devoirs des enfans envers leurs pères et mères ?

R. L'enfant, par sa naissance, se trouve en société avec ses père et mère dont, à son insu, il reçoit pendant long-tems les services et les secours gratuits. Ce n'est que par la suite qu'il apprend les engagemens qu'il a contractés avec eux, la reconnaissance qu'il leur doit, la façon dont il peut s'acquitter. Sa raison, en se développant, lui montre la nécessité de payer ses dettes; c'est ainsi que tout conspire à graver dans le cœur des enfans la piété filiale. L'expérience leur montre ce qu'ils doivent à des êtres qui, après leur avoir donné le jour, se sont tendrement occupés de les conserver à la vie; ils apprennent à vénérer celle qui les a portés dans son sein, qui les a nourris de son lait, ou du moins qui a montré la sollicitude la plus tendre pour écarter d'eux les dangers et les maladies, qui a supporté les infirmités et les dégoûts de leur âge débile. Ils doivent sentir que ces soins continus et multipliés ne se peuvent jamais payer d'une trop longue reconnaissance, d'une trop grande soumission, d'une tendresse trop assidue, d'un respect trop profond. Tout leur prouve que les sentimens justes d'une reconnaissance illimitée, ne doivent être effacés ni par l'humeur chagrine, ni par les longues infirmités, ni par les faiblesses de l'âge. Enfin, les enfans doivent songer qu'ils deviendront pères à leur tour, et que, pour acquérir de justes droits sur l'attachement et la reconnaissance de leur postérité, ils doivent témoigner ces sentimens à ceux dont ils ont reçu le jour.

Des devoirs entre parens.

D. Quels sont les devoirs entre les membres d'une même famille?

R. Toute famille est une société dont les membres peuvent être comparés à des rameaux partis d'une source commune, et qui, pour leur intérêt, doivent contribuer à maintenir entre eux l'union nécessaire à la conservation et au bonheur du tout dont ils font partie. Les parens sont des amis donnés par la nature, qui nous rappellent une origine commune, qui peignent à notre esprit des ancêtres dont la mémoire doit nous inspirer de la tendresse et du respect, qui nous font souvenir que c'est le même sang qui coule dans nos veines; enfin qui nous font sentir que notre bien-être exige que nous restions unis avec des êtres capables de contribuer à notre félicité, intéressés à notre prospérité, disposés à prendre part à nos plaisirs et à nos peines.

Si la morale nous prescrit la pratique de la justice, de l'humanité, de la pitié, de la bienfaisance, et de toutes les vertus sociales à l'égard de tous les hommes, elle nous fait un devoir, plus strict encore, de montrer ces dispositions à ceux qui nous sont plus étroitement attachés par les liens du sang. Indépendamment des nœuds de la consanguinité, nous leur tenons encore par les liens de l'habitude, de la familiarité, de la fréquentation. Ils connaissent notre situation, sont dépositaires d'une partie de nos secrets, de nos vues, de nos intérêts, et par là sont plus capables de nous donner des conseils.

______

Des devoirs entre amis.

D. Quels sont les devoirs d'un ami envers son ami?

R. L'amitié est une association intellectuelle, formée entre des personnes qui éprouvent les unes pour les autres une affection plus particulière que pour le reste des hommes.

Quoique la morale nous excite à la bienveillance pour tous les membres de la société, quoique l'humanité nous fasse un devoir de montrer de l'affection à tous les êtres de notre espèce, cependant nous éprouvons pour quelques personnes les sentimens d'une prédilection plus forte, fondée sur l'idée du bien-être que nous espérons trouver dans un commerce intime avec elles.

L'amitié sincère est un des plus grands avantages dont l'homme puisse jouir dans sa vie. Par l'amitié l'homme double, pour ainsi dire, son existence; elle suppose en effet un pacte, en vertu duquel les amis s'engagent à se témoigner une confiance réciproque, à se donner en toute occasion des consolations, des conseils, des secours, à mettre leurs intérêts en commun, à partager leurs plaisirs et leurs peines. Est-il rien de plus doux, que de trouver quelqu'un dans le sein de qui l'on puisse déposer sans crainte ses pensées les plus secrètes, ses sentimens les plus cachés, et dans le cœur duquel on soit toujours sûr de rencontrer une volonté permanente de s'intéresser à nous, de soulager nos douleurs, d'essuyer nos larmes, de calmer nos inquiétudes, de faire cesser nos chagrins, de nous aider à supporter les orages de la vie. Les devoirs, entre amis, consistent donc évidemment dans une confiance entière et mutuelle, dans des attentions réciproques, dans une constance que rien ne puisse ébranler, dans une disposition invariable de contribuer au bien-être de celui qu'on a choisi pour ami.

Des devoirs des maîtres et des serviteurs.

D. Quel est le fondement de l'autorité des maîtres sur leurs serviteurs?

R. Les riches mettent les pauvres dans leur dépendance, et, par les avantages qu'ils leur font obtenir, exercent sur eux une autorité légitime, c'est-à-dire, avouée, consentie par ceux-ci, lorsqu'elle les met à portée de jouir d'un bien-être qu'ils ne pourraient pas se procurer par eux-mêmes. Tel est le fondement naturel de l'autorité que les maîtres exercent sur leurs domestiques. Les hommes n'obéissent volontairement à d'autres que lorsque l'obéissance leur est utile. Les maîtres forment avec leurs domestiques une société, dont les conditions sont, que les premiers s'engagent de leur donner des soins, de leur fournir un bien-être et des moyens de subsister, qu'ils ne seraient pas en état de se procurer eux-mêmes ; en échange, les serviteurs s'engagent à travailler pour leurs maîtres, à recevoir leurs ordres, et à veiller sur leurs intérêts ; d'où l'on voit que la justice veut que les conditions de ce contrat soient fidèlement exécutées de part et d'autre.

D. Quels sont plus particulièrement les devoirs des maîtres envers leurs serviteurs ?

R. Les maîtres doivent s'habituer à montrer de la bonté pour leurs domestiques ; ils doivent songer que le hasard seul établit la différence qu'il y a entre eux. Qu'ils se gardent d'appesantir leurs peines ; rien n'est si bas que d'être haut envers ceux qui nous sont soumis. Les maîtres doivent tempérer le sérieux qui leur convient comme maîtres, par la douceur et l'affabilité envers ceux qui les servent ; qu'ils se souviennent toujours que, comme hommes , ils sont leurs égaux , et qu'il n'y a point de proportion entre le salaire , même le plus fort, et la dure nécessité dans laquelle se trouve celui qui rend à son semblable les offices de serviteur.

D. Quels sont les devoirs particuliers des serviteurs envers leurs maîtres ?

R. Le serviteur doit respecter dans son maître celui de qui dépend sa propre félicité ; son intérêt l'invite donc à lui montrer invariablement la déférence que son état lui impose. Il doit craindre de lui déplaire par des manières arrogantes, ou par des murmures indiscrets. Il doit s'armer de patience, parce que la patience est particulièrement la vertu de son état.

Le serviteur doit soigneusement remplir la tâche qui lui est prescrite , et chercher le moyen de s'en acquitter de son mieux. Il sera exact et ponctuel, afin de ne point s'attirer la mauvaise humeur de celui dont il doit rechercher la bienveillance à tout moment.

Il observera, surtout, les règles de la plus exacte fidélité ; il se souviendra qu'en entrant au service de son maître, il s'est engagé, non-seulement à respecter sa propriété , mais encore à la défendre contre les autres ; enfin, il aura toujours présent à l'esprit qu'il a fait une renonciation totale et continuelle à ses propres volontés.

Devoirs généraux dans la conduite de la vie.

Le commerce de la vie nous apprend, plus ou moins promptement, les moyens que nous devons employer pour mériter la bienveillance des personnes avec qui nous vivons habituellement, ou que le mouvement de la société nous présente. En réfléchissant sur ce que nous exigeons des autres pour en être contens, nous découvrons bientôt ce que nous devons faire pour qu'ils soient contens de nous. Voilà l'origine de la politesse.

D. Qu'entendez-vous par politesse?

R. La politesse est l'habitude de montrer aux personnes avec qui nous vivons, les sentimens et les égards que nous leur devons, sans affectation, ni dans les actions, ni dans les discours, et en évitant les formalités incommodes et minutieuses, et les expressions hyperboliques, qui ne sont ordinairement que des signes d'attachement et d'estime équivoques et peu sincères.

La politesse, à l'égard des étrangers, des inconnus, est un acte de justice et d'humanité, puisque, si le hasard nous transportait à notre tour dans un pays inconnu, nous souhaiterions de trouver dans ses habitans des signes de bienveillance, d'hospitalité, d'humanité.

D. Qu'est-ce que l'estime?

R. L'estime est un sentiment favorable, fondé

sur des qualités que nous jugeons utiles et louables, et d'après lesquelles nous attachons du prix à ceux qui les possèdent.

D. Qu'est-ce que la considération?

R. La considération est un sentiment d'estime, mêlé de respect, excité par des qualités peu communes, par des actions grandes et nobles, par des talens rares et sublimes; d'où l'on voit que la considération n'est due qu'à la grandeur d'ame, aux grands talens, à la vertu.

D. Qu'est-ce que le respect?

R. Le respect est la disposition dans laquelle la crainte, les conventions sociales, notre devoir, nous obligent d'être à l'égard de nos supérieurs, ou des personnes qui exercent sur nous une autorité bien ou mal fondée. Un fils doit respecter son père, lors même qu'il est injuste; un citoyen respecte les princes, les grands, les gens en place, lors même qu'ils sont méchans, parce qu'il s'exposerait, par une sotte vanité, aux effets de leur ressentiment.

D. Quelles dispositions devons-nous montrer à nos inférieurs?

R. Nous devons à nos inférieurs la bonté, l'affabilité, parce que c'est le moyen de nous concilier leur affection, qui jamais ne peut être indifférente à l'homme de bien; il rougirait de ne devoir qu'à la crainte les respects et les hommages qu'il veut obtenir du cœur. Gardons-nous de cette politesse hautaine et dédaigneuse, qui, bien loin d'inspirer de l'amour et de la confiance à ceux qui l'essuient, semble les écarter, les repousser, leur annoncer la distance à laquelle l'orgueil veut les tenir. La politesse de ce genre est souvent plus révoltante qu'une insulte avérée.

D. Quels sont nos devoirs à l'égard des êtres qui nous sont indifférens ?

R. Nous devons à tous la bienveillance, la bonté, l'humanité, l'indulgence, la bienséance, l'affabilité, les bonnes manières, la déférence, les attentions, la crainte de manquer aux égards.

D. Qu'est-ce que la bienveillance ?

R. La bienveillance est le désir d'obliger; quoiqu'on n'exige pas toujours de nous l'obligeance, nous n'en devons pas moins témoigner, par des signes extérieurs, que nous sommes disposés à l'accorder bénévolement. C'est une des qualités les plus propres à nous concilier l'affection dans la vie sociale.

D. Qu'est-ce que la bienséance ?

R. La bienséance est la convenance de notre conduite avec les tems, les lieux, les circonstances, les personnes avec qui nous vivons. Elle consiste à mettre les hommes et les choses à leur place, à rendre à chacun ce que nous lui devons, et nous défend de les choquer par nos actions ou nos discours.

D. Qu'entendez-vous par bonnes manières?

R. J'entends par bonnes manières la façon extérieure de se comporter dans le monde, introduite par l'usage et les conventions de la société. Elles consistent dans le maintien, dans les mouvemens du corps, dans la façon de se présenter; l'éducation et l'exemple nous en font contracter l'habitude. Indifférentes en elles-mêmes, nous sommes obligés de nous y conformer, sous peine d'être regardés comme impolis; mais il faut éviter l'affectation, qui rend toujours les hommes ridicules, ces façons impertinentes, ces modes variables, ce jargon éphémère, ces vaines grimaces dans lesquelles des fats et des femmes frivoles font consister le bon ton. L'homme sensé ne doit jamais se couvrir des livrées de la folie.

D. Qu'entendez-vous par attention?

R. Les attentions sont des dispositions par lesquelles nous prouvons aux autres que nous nous occupons d'eux, que nous ne les oublions pas, que nous ne perdons pas de vue ce que nous leur devons. Les attentions délicates sont celles qui préviennent les désirs; elles supposent qu'on a pris la peine d'étudier nos penchans, et de nous éviter celle de les manifester.

FIN DE LA TROISIÈME ET DERNIÈRE PARTIE.

www.ingramcontent.com/pod-product-compliance
Lightning Source LLC
Chambersburg PA
CBHW071505030726
47593CB00003B/1168